PIET SWIMBERGHE

PHOTOGRAPHY **JAN VERLINDE**

vintage style

| LANNOO

Interieurs vol inspiratiebronnen_ De afgelopen jaren reisden we heel Europa af en ontdekten prachtige interieurs vol vintagedesign van bekende en minder bekende namen. Deze rage inspireert ook de bewoners om hun woningen speelser en vindingrijker in te richten dan vroeger. We houden zelf niet van showroominterieurs en zijn tuk op de persoonlijke ankerplekken van creatieve mensen. Hun interieurs brengen we samen in dit boek dat je een schat aan inspiratie biedt. Zoek je leuke meubelen of verlichting, of wil je een bibliotheek bouwen? Welnu, in deze uitgave ontdek je ideale voorbeelden. De interieurs uit dit boek worden normaal nooit aan het publiek getoond en daarom krijg je exclusieve beelden te zien.

Un trésor d'inspiration_ Ces dernières années, nous avons parcouru l'Europe et découvert de magnifiques intérieurs, regorgeant de design vintage dus à des créateurs connus et moins connus. Cette tendance incite les propriétaires à aménager leur lieu de vie de façon plus légère et plus inventive qu'autrefois. Nous-mêmes, nous préférons aux intérieurs ressemblant à des musées les lieux aménagés avec créativité. Nous les avons réunis dans cet ouvrage, qui vous offre un trésor d'inspiration. Vous cherchez des meubles ou des éclairages amusants ? Vous aimeriez créer une bibliothèque ? Feuilletez ce livre à la recherche d'exemples qui vous plaisent. Les intérieurs présentés n'ayant jamais été ouverts au public, ces photos sont exclusives.

Inspirational Interiors_ In recent years we have travelled all over Europe and discovered splendid interiors full of vintage design by both well known and lesser known names. This passion for vintage also inspires householders to furnish their homes in a more playful and inventive way than before. We do not ourselves like showroom interiors and are very keen on the personal anchorage of creative people. We have assembled their interiors in this book that offers you a wealth of inspiration. Are you looking for fine furniture, or light fittings, or do you want to build a library? Whichever, in this book you will find some ideal examples. The interiors in this book are never normally shown to the public, so that the images are exclusive.

PIET SWIMBERGHE & JAN VERLINDE

Met mediterrane touch
Touche méditerranéenne
With a Mediterranean touch

Niet alle interieurs weerspiegelen de ziel van hun bewoners. Hier is dit wel het geval: je merkt meteen dat de bewoon-ster zich overal thuisvoelt. Elena Barenghi groeide op in Italië, maar trok daarna naar New York en Londen om letteren te studeren. Ze woonde een tijdje in Rome en Firenze vooraleer zich in Brussel te vestigen. Intussen publiceerde ze gedichten, nam een plaat op en ging tekenen en fotograferen. Ze begon zich ook te interesseren voor interieurdecoratie. Van in haar jeugd verzamelde ze kunstwerken. Nu omringt ze zich met beeldende kunstenaars, architecten en fotografen, van wie je overal in haar woning werk terugvindt. Ondertussen verzamelt en verkoopt ze vintagedesign en kunst in haar galerie EM72 te Elsene. Haar interieur staat vol vintagevondsten, met klassiekers van Vico Magistretti, Ron Arad, Charles Eames en tal van anonieme stukken. Ze verwondert er zich over dat er in Italië vrij weinig vintage te vinden is, minder dan in Noord-Europa. 'Iedereen weet dat Italië het designland bij uitstek is,' zegt ze, 'maar het is evenzeer het land van de klassieke interieurs.'

Tous les intérieurs ne reflètent obligatoirement pas l'âme de leurs habitants. Mais ici, c'est bien le cas : on remarque immédiatement que l'occupante se sent partout chez elle. Elena Barenghi a grandi en Italie, mais c'est à New York et à Londres qu'elle a étudié les lettres. Elle a brièvement vécu à Rome et à Florence avant de s'établir à Bruxelles. Entre-temps, elle a publié des poèmes, enregistré un disque et exercé le dessin et la photographie. Elle a également développé un intérêt pour la décoration d'intérieur. Jeune, elle collectionnait déjà les œuvres d'art. Aujourd'hui, elle aime s'entourer de plasticiens, d'architectes et de photographes dont on retrouve les œuvres chez elle. Parallèlement, elle chine et vend du design vintage et de l'art dans sa galerie ixelloise, EM72. Son intérieur déborde de trouvailles, parmi lesquelles des clas-siques comme Vico Magistretti, Ron Arad et Charles Eames, mais aussi de nombreuses pièces anonymes. Elena déplore que l'on trouve en Italie si peu de vintage, moins, par exemple, qu'en Europe du Nord. « Chacun sait que l'Italie est le pays du design, dit-elle. Mais c'est aussi celui des intérieurs classiques. »

Not all interiors reflect the soul of those living in them. But this one does, and you can immediately see that whoever lives here feels completely at home everywhere. Elena Barenghi grew up in Italy, but later went to New York and London to study literature, and lived for a while in Rome and Florence before finally settling in Brussels. Meanwhile she published poems, made a record and took up drawing and photography. She began to take an interest in interior decoration. Since her youth she had collected works of art. Now she surrounds herself with a circle of visual artists, architects and pho-tographers, whose works you will find all over her house. Meanwhile she collects and markets vintage design and art in her EM72 gallery at Elsene. Her home is full of vintage discoveries, some classics by such as Vico Magistretti, Ron Arad, Charles Eames, and a wealth of anonymous pieces. She is surprised that there is very little vintage to be found in Italy, much less than in Northern Europe. 'Everyone knows that Italy is pre-eminently the country for design' she says, 'but it is also the country for classical interiors.'

_ In de woonkamer staat er onder het baksteen-
schilderij van Kelley Walker een fiftiesbuffet
(pagina 8) en daarvoor een salontafel van Eames.
In de hal is de oranje ballon van Lionel Estève. De
combinatie van een antiek oosters karpet met
vintage is in. Bij de haard merk je dat Elena
Barenghi graag zwart-witcontrasten combineert
met kleuraccenten.

_ Dans le living, on aperçoit sous la peinture de
briques de Kelley Walker un buffet fifties
(page 8) et devant, une table de salon Eames.
Dans le hall d'entrée, trône un ballon orange de
Lionel Estève. La combinaison de tapis d'Orient
anciens avec des pièces vintage crée un effet
très contemporain. Près du foyer, on voit bien
qu'Elena Barenghi aime associer les contrastes
noir-blanc avec des touches de couleur.

_ Underneath the brick painting by Kelley
Walker in the living room is a fifties sideboard
(page 8) and in front of it a coffee table by Eames.
The orange balloon in the entrance is by Lionel
Estève. Combining an antique oriental carpet
with vintage is very trendy. Near the fireplace
you can see how Elena Barenghi likes to combine
black-and-white contrasts with accents of colour.

_ De keuken is een passage tussen twee ruimten. Aan het tuinvenster staat een glazen werktafel uit de jaren zeventig en een tweebenige zit uit de voormalige DDR. De slaapkamer wordt opgefrist met Indisch textiel en een Turkse kelim.

_ La cuisine relie deux espaces. A la fenêtre du jardin, un bureau en verre des années 1970 et un siège à deux pieds venus d'ex-DDR. La chambre a été rafraîchie avec un couvre-lit indien et un kilim turc.

_ The kitchen is a passage between two rooms. By the window overlooking the garden is a glass work table from the 1970s and a two-legged seat from Germany.
The bedroom is brightened up by Indian textile and a Turkish Kelim.

15

Baksteen sixties
Briques sixties
Sixties brick

Deze villa uit 1969 oogt verrassend hedendaags. Het is een voorbeeld van de baksteenarchitectuur die toen furore maakte, een experimentele stijl die over heel Europa en de States waaide. Deze stijl betekende een breuk met de duidelijke lijn van de fifties en het Bauhausmodernisme. De ontwerper, architect G.M.M. Verkinderen, schonk de woning een boeiend grondplan dat allesbehalve klassiek is. Rond een atrium met veel glas, de inkomhal, ligt een waaier van kleine en grote vertrekken, wisselend van niveau. Nu is het de woning van architecte Christine von der Becke, die het interieur een creatieve opfrisbeurt gaf. De bakstenen wanden werden wit geschilderd en ze stoffeerde het interieur met authentieke vintagemeubelen. Het interieur zag er voor haar komst vrij somber uit, met veel bruin hout en donkere steen. Nu is het een woning met onverwachte ruimten, zoals de twee zitkamers, een voor 's avonds met haard en een hoge kamer voor overdag. De schuine daken zorgen voor een fascinerende lichtinval.

Cette villa de 1969 est d'une surprenante contemporanéité. Elle constitue un exemple de l'architecture en brique qui faisait fureur à l'époque, un style expérimental qui déferla dans toute l'Europe et aux Etats-Unis, rompant avec la ligne claire des fifties et du modernisme Bauhaus. L'architecte, G.M.M. Verkinderen, lui a donné un plan passionnant, tout sauf classique. Une série de pièces de tailles et de niveaux divers sont agencées autour d'un atrium largement vitré, faisant office de hall d'entrée. La maison appartient aujourd'hui à une autre architecte, Christine von der Becke, qui en a rafraîchi l'intérieur de façon créative. Les murs ont été peints en blanc et les pièces meublées de vintage authentique. Avant son arrivée, tout ici était sombre, riche en boiseries et en pierre naturelle. L'habitation renferme aujourd'hui des espaces inattendus, comme les deux salons, l'un équipé d'un feu ouvert pour le soir, l'autre, haut de plafond, pour la journée. Les toitures obliques assurent une distribution fascinante de la lumière.

This 1969 villa looks remarkably up to date. It is an example of the brick architecture which was then all the rage, an experimental style that flourished all over Europe and the United States. This style was a break with the clean lines of the fifties and Bauhaus modernism. The designer, the architect G.M.M. Verkinderen, gave this house a fascinating ground plan that is anything but classical. Round an atrium with a great deal of glass, the entrance hall, lies a fan of large and small rooms, at different levels. It is now the residence of the architect Christine von der Becke, who has given the interior a creative face-lift. The brick walls have been painted white and she has filled the interior with authentic vintage furniture. Before her arrival the interior looked quite gloomy, with a lot of brown wood and dark brickwork. Now it is a house with unexpected rooms, such as the two sitting rooms, one evening room with a fireplace, and a lofty room for daytime. The slanting roofs ensure a fascinating incidence of light.

_ Het interieur bestaat uit een boeiende compositie van muren, doorgangen en een labyrint van kamers op verschillende niveaus. Het schilderij in de gang is van Jean-Luc Moerman, de eettafel en banken in de eetkamer zijn Scandinavisch, de koperen wandlampen zijn van de Belg Jules Wabbes. Het schilderij in de zitkamer is van Renaat Ivens en de salontafel van Isamu Noguchi. In de hoge salon (p. 22) is de witte tafel van India Madhavi.

_ L'intérieur est fait d'une passionnante composition de murs, de couloirs et d'un labyrinthe de pièces à différents niveaux. La peinture du couloir est de Jean-Luc Moerman, la table et les bancs dans la salle à manger d'origine scandinave, les appliques en cuivre sont du Belge Jules Wabbes. La peinture du salon est de Renaat Ivens et la table d'Isamu Noguchi. Dans le salon sur un niveau plus élevé (p. 22), la table blanche est d'India Madhavi.

_ The interior consists of a fascinating composition of walls, passages and a labyrinth of rooms at various levels. The painting in the passage is by Jean-Luc Moerman; the dining table and seating in the dining room are Scandinavian; the brass wall lights are by the Belgian Jules Wabbes. The painting in the sitting room is by Renaat Ivens and the coffee table by Isamu Noguchi. In the lofty drawing room (p.22) the white table is by India Madhavi.

19

Ingenieus verbouwd
Ingénieuse transformation
Ingeniously renovated

Dit rijhuis werd op ingenieuze wijze verbouwd door interieurarchitect Roos Blower. Het werd geen chirurgische, maar een drastische ingreep, want deze bel-etagewoning uit de sixties was somber en niet comfortabel. Roos gooide er heel wat binnenmuren uit en creëerde achteraan een open ruimte, over twee verdiepingen, met een open keuken, een eethoek met wat vintage en daarboven een hedendaagse zithoek. Deze niveaus worden door middel van een metalen spiltrapje met elkaar verbonden. Roos Blower houdt van een verfijnde afwerking met bijvoorbeeld een in het plafond ingewerkte verlichting. De muren van de douche zijn strak uitgepleisterd en geschilderd. Roos is tuk op gave vormen en vlakken met duidelijke kleuraccenten. Ze duiken overal op, zoals de gele glasplaat van de borstwering in de zitruimte, het groene glas in de keuken en het behang in de eetkamer en slaapruimte. Roos verkiest een interieur met weinig meubilair, dus een beetje strak. Maar haar ongewone en gedurfde Britse kleurenpalet schenkt de architectuur een extra frisse en actuele toets.

Cette maison mitoyenne a été transformée avec ingéniosité par l'architecte d'intérieur Roos Blower. L'intervention a été non pas chirurgicale, mais radicale, car cette habitation « bel étage » datant des années 1960 était sombre et inconfortable. Roos y a abattu plusieurs murs et créé à l'arrière un espace ouvert, sur deux niveaux, reliés par un escalier métallique en colimaçon : en bas, on trouve une cuisine ouverte et un coin à manger rehaussé de touches vintage, en haut, un salon contemporain. Roos Blower aime les finitions raffinées, par exemple les éclairages intégrés dans les plafonds. Les murs de la douche ont été enduits et peints avec une grande netteté. Mais elle aime aussi introduire des accents de couleurs, comme le vitrage orangé du garde-fou, jouxtant le salon, l'alcôve verte de la cuisine et la tapisserie du coin à manger et de la chambre à coucher. Si Roos affectionne les intérieurs contenant peu de mobilier, autrement dit, assez sobres, sa palette anglaise inhabituelle et audacieuse offre à l'ensemble une touche fraîche et actuelle.

This terrace house has been renovated in an ingenious way by interior architect Roos Blower. It was not a surgical operation, but a drastic one, since this upstairs two-storey 1960s home was dark and uncomfortable. Roos discarded quite a few internal walls and created an open space at the back, two storeys high, with an open kitchen, a dining corner with some vintage furniture and above it a contemporary sitting corner. These levels are linked to each other by a metal circular staircase, Roos Blower likes a sophisticated finish with, for example, lighting incorporated in the ceiling. The walls of the shower are very neatly plastered and painted. Roos is very keen on perfect shapes and planes. But just as much on the touches of colour which pop up everywhere, such as the yellow glass plate of the parapet in the sitting room, the green glass in the kitchen, and the wallpaper in the dining room and bedroom. Roos opts for an interior with very little furniture, and therefore a little severe. But her unusual and daring British colour palette gives the architecture a touch of freshness and actuality.

25

_ Dit huis heeft een hip interieur met kleurtoetsen en wat vintage. Overal zie je naadloze gietvloeren. De nachtkastjes zijn van Kartell en het behang van Eijffinger. Een smalle spiltrap verbindt de eetruimte met de woonkamer boven.

_ Cette maison possède un décor branché, rehaussé de touches de couleur et de vintage. Tous les sols ont été coulés, sans séparation visible entre pièces. Les petits meubles de nuit sont de Kartell et le papier peint d'Eijffinger. Un étroit colimaçon relie la salle à manger et le séjour, en haut.

_ This house has a trendy interior with touches of colour and some vintage. Seamless floors of poured concrete can be seen everywhere. The bedside tables are by Kartell and the wallpaper by Eijffinger. A narrow spiral staircase connects the dining area with the living room above it.

Geschiedenis herschreven
L'histoire réécrite
History rewritten

Over de vloer van dit meer dan honderd jaar oude landhuis kwamen niet alleen beroemde kunstenaars, het pand is ook het resultaat van een artistiek proces. Het werd in 1904 opgetrokken in pure Arts & Craftsstijl voor de impressionistische kunstschilderes Jenny Montigny die een Ierse moeder had. Dat verklaart meteen haar voorliefde voor deze stijl. In 1998 werd de woning verbouwd door designer Maarten Van Severen voor Stefan en Carine Boxy. Van Severen bewaarde vrijwel het gehele interieur, maar bracht hier en daar grote doorbrekingen aan voor glaspartijen. Hij ontwierp een strakke betonnen keuken en herschikte enkele kamers, maar de woning bleef zijn aspect van creatief atelier behouden. De afwerking is niet burgerlijk en de stoffering is ongewoon, want samen met Frederic Hooft verzamelt en verhandelt Stefan vintagedesign van topkwaliteit. Hier staan meubelen van Perriand, Le Corbusier, Wabbes, Van der Meeren, Engels en Pergay. Door Carine wordt de woning gebruikt als modeatelier, want ze is actief in de modedistributie als agente van enkele creatieve merken. De tuin van de woning werd ontworpen door Aldrik Heirman.

Non seulement le sol de cette ancienne demeure campagnarde plus que centenaire a été foulé par de célèbres artistes, mais elle est aussi le résultat d'un processus artistique. Bâtie en 1904 dans le plus pur style Arts & Crafts pour la peintre impressionniste Jenny Montigny, irlandaise par sa mère (ce qui explique sa préférence pour ce style), elle a été transformée en 1998 par le designer Maarten Van Severen pour Stefan et Carine Boxy. Van Severen a conservé pratiquement tout l'intérieur intact, mais a percé çà et là de grandes ouvertures pour des vitres, dessiné une cuisine en béton aux lignes rigoureuses et réaménagé quelques pièces. L'aspect d'atelier d'artiste, lui, a été préservé. La finition et le mobilier rompent avec la tradition bourgeoise : il faut dire que Stefan collectionne et vend avec Frederic Hooft du design vintage de première qualité. On trouve ici des meubles de Perriand, Le Corbusier, Wabbes, Van Der Meeren, Engels et Pergay. La maison est en outre utilisée comme atelier de mode par Carine, qui distribue une série de marques créatives. Le jardin a été dessiné par Aldrik Heirman.

Not only have famous artists trodden the floor of this more than a century old country house, but the house itself is the result of an artistic process. It was built in 1904 in pure Arts and Crafts style for the impressionist painter Jenny Montigny, who had an Irish mother. This immediately explains her preference for this style. In 1998 the house was renovated by the designer Maarten Van Severen for Stefan and Carine Boxy. Van Severen kept almost the whole interior, but here and there made large breaches for glass partitions. He also designed a severe concrete kitchen and rearranged a few rooms. But the house continued to keep its appearance of being a creative workshop. The finish is not conventional, and the furnishing is unusual, since together with Frederic Hooft Stefan collects and markets top quality vintage design. There is furniture here by Perriand, Le Corbusier, Wabbes, Van Der Meeren, Engels and Pergay. The building is also used by Carine as a fashion atelier, because she works in the fashion industry as the agent for several creative brands. The garden was designed by Aldrik Heirman.

_ Hier ontdekken we een prachtige collectie vintagemeubilair. In de woonkamer (links) is de grote tafel van Jules Wabbes en de merkwaardige zetel uit de jaren vijftig van architect Lucien Engels. In de keuken staat de tafel van Maarten Van Severen met ernaast een Steltmanstoel van Gerrit Rietveld. Ook de wandtafel met boeken op in de inkom is van Wabbes. De tuintafel is van Willy Van der Meeren.

_ Nous découvrons ici une splendide collection de mobilier vintage. Dans le séjour (gauche), la grande table est signée Jules Wabbes et le remarquable siège des années 1950 Lucien Engels. Dans la cuisine, une table de Maarten Van Severen côtoie une chaise Steltman de Gerrit Rietveld. La table murale garnie de livres, dans l'entrée, est également de Wabbes. La table de jardin est l'œuvre de Willy Van der Meeren.

_ Here we discover a beautiful collection of vintage furniture. In the living room (left) is Jules Wabbes' large table and the remarkable 1950s seat by the architect Lucien Engels. In the kitchen is Maarten Van Severen's table with next to it a Steltman chair by Gerrit Rietveld. The side table with books in the entrance is also by Wabbes. The garden table is by Willy Van der Meeren.

39

Frivole collage
Assemblage frivole
Frivolous collage

Hoewel deze flat in een art-decogebouw uit de jaren dertig zit, merken we aan de achtergevel een veel ouder decorelement, namelijk een venstertje in neorenaissancestijl. Het hoort er eigenlijk niet thuis, maar benadrukt op een mooie manier dat dit interieur een bijzondere collage is van oudheden, wat moderne kunst en hier en daar een stuk vintagedesign. Dit is de flat van Violaine Damien die een hele weg heeft afgelegd in de interieurbranche. In de jaren zestig was ze al actief met stoffen van Marimekko, ontwierp ze zelf textiel, en nu ze runt een zeer originele winkel met modekleding en interieurspullen. Violaine verhuist regelmatig en richt haar woning telkens wat anders in, maar sommige – meestal maritieme – objecten komen terug. Ze houdt van voorwerpen met een verhaal die ze bij voorkeur op de vlooienmarkt vindt. Ze is ook tuk op Zweedse interieurs met veel wit en hier en daar een kleuraccent. Violaine groeide op in een designinterieur, maar ze houdt niet van strakke decors. Voor haar is het ideale interieur een collage van stijlen, uiteenlopende objecten en souvenirs.

Bien que cet appartement soit situé dans un bâtiment Art déco des années 1930, nous remarquons sur la façade arrière un élément décoratif bien plus ancien, à savoir une petite fenêtre de style néo-Renaissance. S'il n'appartient pas à la maison, il annonce en quelque sorte le collage particulier de choses anciennes, d'art moderne et, ici et là, de pièces de design vintage qui caractérise cet intérieur. Nous sommes dans l'appartement de Violaine Damien, qui a à son actif une longue carrière dans la décoration. Liée dès les années soixante à la maison Marimekko, elle a elle-même créé des tissus et gère aujourd'hui une boutique hautement originale de mode et de décoration. Violaine déménage régulièrement et change à chaque fois son décor, mais certains objets – le plus souvent d'origine maritime – reviennent toujours. Elle aime les choses chargées d'une histoire et de préférence dénichées sur les marchés aux puces. Elle adore aussi le style suédois, dans lequel une abondance de blanc est mise en valeur par quelques touches de couleur. Mais quoique ayant grandi dans un intérieur design, elle n'aime pas les décors figés. Pour elle, le lieu de vie idéal ne peut être qu'un assemblage de styles, d'objets hétéroclites et de souvenirs.

Although this flat is in an art deco building of the 1930s we can see a much older décor element in the back wall: a small window in neo-renaissance style. It does not really look at home there, but emphasizes in a nice way that this interior is a special collage of antiques, some modern art and here and there a piece of vintage design. This flat belongs to Violaine Damien, who has a long career in interior design behind her. In the 1960s she was already active working with materials by Marimekko, designed her own textiles too, and now runs a highly original shop with fashionable garments and interior design objects. Violaine often moves house and arranges her home a little differently every time, but some – mostly maritime – objects appear again. She like objects with a story, which she looks for at flea markets. She is also keen on Swedish interiors with a great deal of white and here and there a colour accent. Violaine grew up in a design interior, but she does not like a rigid style. For her the ideal interior is a collage of styles, with diverse objects and souvenirs.

_ Violaine Damien verzamelt met passie. Het gele tafeltje in de vorm van een palet werd verkocht op Expo 58 en is van Lucien De Roeck die ook het logo van deze wereldtentoonstelling ontwierp. Op de schouw staat een bordje van Fornasetti. De meeste stoeltjes zijn van Belgische makelij.

_ Violaine Damien collectionne avec passion. La petite table jaune en forme de palette était vendue à l'Expo'58 et est de Lucien De Roeck, tout comme le logo de l'événement. On remarque sur la cheminée une assiette de Fornasetti. La plupart des chaises sont de fabrication belge.

_ Violaine Damien is a passionate collector. The small yellow table, shaped like a palette, was for sale at the Expo '58 and is by Lucien De Roeck, who also designed the logo of the Expo. On the mantelpiece is a plate by Fornasetti. Most of the chairs are of Belgian make.

Art-decomodernisme
Modernisme Art déco
Art deco Modernism

Nogal wat oude panden worden hard verbouwd, blind voor de originele stijl en decoratie. Met dit art-decohuis uit 1936 bewijst architect Marie-José Van Hee dat je ook met zachte hand op een hedendaagse wijze kunt ingrijpen. Het interieur had een oncomfortabele en verhakkelde structuur. De architecte verving de achterbouw door een keuken met binnenterras waar je kunt eten. Daarvoor wordt in de zomer het imposante accordeonraam - beschermd door een luifel - opengeschoven. Vanuit het salon stap je rechtstreeks op het terras. Door de combinatie van de strakke Table Blanche van Ann Demeulemeester en de oude Thonetstoelen doet de keuken wat denken aan een origineel Corbusierinterieur, van wie we trouwens vintage meubilair zien in de woonkamer. De salon en de art-deco-inkomhal werden gerestaureerd door restaurateur-decorateur Angèle Boddaert-Devletian. De keuken oogt fris, de salon kreeg een warm kleurenpalet, de typische cosy corner gevuld met boeken en kunstwerkjes werd hersteld. Dit is ongetwijfeld de meest intieme hoek van de woning. De badkamer met blauwe, Yves-Kleintegels en de luchtige slaapkamer met dressing ondergingen eveneens een verfrissende gedaanteverwisseling.

Nombreux sont les bâtiments Art déco qui ont été modifiés radicalement, sans égards pour le style et la décoration originaux. Avec cette maison de 1936, Marie-José Van Hee prouve que rénover peut aussi se faire dans la douceur. L'intérieur de cette habitation était inconfortable et morcelé. L'architecte a transformé la partie arrière en une cuisine avec terrasse intérieure où l'on peut manger. L'été, on fait coulisser à cette fin l'imposante fenêtre en accordéon, protégée par un volet. Désormais, il existe aussi un accès direct du salon à la terrasse. La cuisine, où l'on a combiné la sévère Table Blanche d'Ann Demeulemeester et d'anciennes chaises Thonet, évoque un peu un intérieur du Corbusier, créateur dont on trouve d'ailleurs du mobilier vintage au salon. Ce dernier et le hall d'entrée Art déco ont été pris en main par la restauratrice décoratrice Angèle Boddaert-Devletian. Contrairement à la cuisine, où la fraîcheur domine, le salon a été décoré dans des tons chauds. Le cosy corner typique garni de livres et de pièces d'art a également été restauré. C'est incontestablement l'endroit le plus intime de la maison. La salle de bains, revêtue de dalles bleu « Klein », et la chambre aérée avec dressing ont elles aussi été rafraîchies et réagencées.

Quite often old buildings are renovated unsympathetically, blind to the original style and decoration. With this Art Deco house of 1936 the architect Marie-José Van Hee shows that it is also possible to intervene in a contemporary way with a gentle hand. The interior used to have an uncomfortable and awkward structure. The architect replaced the back of the house with a kitchen and an indoor terrace where you can eat. For this, in the summer, the imposing folding window - protected by an awning - is pushed open. You can step straight from the sitting room on to the terrace. The combination of Ann Demeulemeester's severe Table Blanche, and the old Thonet chairs makes the kitchen look rather like an original Corbusier interior, and we certainly see his vintage furniture in the living room. The sitting room and Art Deco entrance hall were restored by restorer-decorator Angèle Boddaert-Devletian. The kitchen looks fresh, the sitting room has a warm colour palette. Also the typical cosy corner filled with books and little works of art has been restored. This is undoubtedly the most intimate corner of the building. The bathroom, with blue Yves Klein tiles, and the airy bedroom with dressing room have also undergone a refreshing transformation.

51

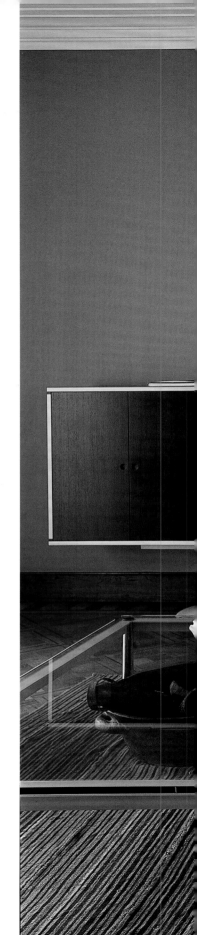

_ In het hedendaagse achterhuis, ontworpen door Marie-José Van Hee, ademt de eethoek met de tafel van Ann Demeulemeester en de Thonet-stoelen een Bauhaussfeer uit. In de salon staan er fauteuils en een fraaie Casiers Standard van Le Corbusier en Pierre Jeanneret.

_ Dans l'arrière-maison contemporaine, conçue par Marie-José Van Hee, le coin à manger respire avec la table d'Ann Demeulemeester et les chaises Thonet une atmosphère Bauhaus. Dans le salon, on trouve des fauteuils et une belle Casiers Standard du Corbusier et de Pierre Jeanneret.

_ In the modern back of the house, designed by Marie-José van Hee, the dining corner with the table by Ann Demeulemeester and the Thonet chairs exude a Bauhaus atmosphere. In the drawing room are armchairs and a splendid Casiers Standard by Le Corbusier and Pierre Jeanneret.

_ De originele art-decowanden van de hal werden gerestaureerd door Angèle Boddaert-Devletian. In de open dressing staat een dagbed Tito Agnoli. In de slaap-kamer zien we een bed van Philippe Starck en een zetel van Pierre Paulin.

_ Les murs Art déco d'origine du hall d'entrée ont été restaurés par Angèle Boddaert-Devletian. Le dressing ouvert est occupé par un lit de jour de Tito Agnoli. Dans la chambre, nous voyons un lit de Philippe Starck et un siège de Pierre Paulin.

_ The original art deco walls of the entrance hall were restored by Angèle Boddaert-Devletian. In the open dressing room is a daybed by Tito Agnoli. In the bedroom we see a bed by Philippe Starck and a chair by Pierre Paulin.

Vintagegeheugen
Mémoire vintage
Vintage memories

Deze woning uit het einde van de jaren negentig mag dan wel niet oud zijn, toch heeft ze een ouder geheugen. De bewoners dragen immers de souvenirs mee van ontelbare contacten met designers. Het pand wordt bewoond door Dolly Broes en grafisch vormgever Boudewijn Delaere die van 1968 tot 1998 werkte voor *Interieur* in Kortrijk, de internationaal befaamde designbeurs. Zo hebben ze ontelbaar veel beroemde designers persoonlijk ontmoet, van Gio Ponti, Panton, Starck, Botta, Mendini, Sotsass, Maurer, Sipek, Morisson, Andrea Branzi tot en met Raymond Loewy. Ook Maarten Van Severen kwam hier over de vloer en bouwde trouwens zelf de houten eettafel. Voor het ontwerp van de woning werkte architect Paul Robbrecht samen met dochter architecte Sofie Delaere die toen in het bureau Robbrecht-Daem actief was. Het pand is op een bijzondere wijze ingedeeld, met een centrale gang, lopend langs een binnentuin en botsend op een binnenwand die de woonkeuken scheidt van de woonkamer. Maar dit is slechts een van de vele boeiende doorzichten. De meeste vintagemeubelen werden lang geleden aangekocht zoals de Domus chairs van Ilmari Tapiovaara en de Lounge Chair nr. 670 van Charles & Ray Eames.

Cette habitation de la fin des années 1990 a beau être récente, elle possède déjà une véritable mémoire. Ses habitants conservent en effet les traces des innombrables contacts qu'ils ont eus avec des designers. Le bâtiment est habité par Dolly Broes et le graphiste Boudewijn Delaere, qui a travaillé de 1968 jusqu'à 1998 pour *Interieur*, célèbre foire internationale du design de Courtrai. Le couple a rencontré personnellement une foule de créateurs connus, de Gio Ponti, Panton, Starck, Botta, Mendini, Sotsass, Maurer, Sipek, Morisson, Andrea Branzi à Raymond Loewy. Maarten Van Severen est également passé par ici; c'est à lui que l'on doit la table à manger. Pour le plan des lieux, l'architecte Paul Robbrecht a collaboré avec la fille des propriétaires, Sofie Delaere, qui travaillait alors dans le bureau Robbrecht-Daem. Ce bâtiment présente une distribution particulière déterminée par un couloir central longeant un jardin intérieur et butant contre une cloison qui sépare la cuisine du living. Mais ce n'est là qu'une des nombreuses perspectives passionnantes qu'offre l'endroit. La plupart des meubles vintage, comme les chaises Domus de Ilmari Tapiovaara et la Lounge Chair nr 670 de Charles & Ray Eames, ont été achetés il y a bien longtemps.

This house from the late 1990s may not be old, yet has older memories. As it happens, its owners carry with them the souvenirs of innumerable contacts with designers. This is the house of Dolly Broes and graphic designer Boudewijn Delaere, who from 1968 till 1998 worked for *Interieur* in the internationally well-known interior design fair in Courtrai. Hence they have met a large number of famous designers personally, from Gio Ponti, Panton, Starck, Botta, Mendini, Sotsass, Maurer, Sipek, Morisson, Andrea Branzi to Raymond Loewy. Maarten Van Severen was another visitor, who actually made the wooden dining table himself. The architect Paul Robbrecht together with the Delaeres' daughter Sofie, who at the time was working in the bureau Robbrecht-Daem, designed the house. The site has been arranged in an interesting way with a central passage running alongside an inner court-yard garden until it meets an inner wall which separates the dining kitchen from the sitting room. But this is only one of many fascinating views through. Most of the vintage furniture, such as the Domus chairs by Ilmari Tapiovaara and the Lounge Chair no. 670 by Charles & Ray Eames, was bought long ago.

_ In de woonruimte is de Lounge Chair van Maarten Van Severen de blikvanger. Rond de eettafel staan prachtige designstoelen uit Denemarken, ontworpen door Ole Wanscher. De lampen boven de tafel zijn van Jos Devriendt. De foto is van Boudewijn zelf. In de keuken wordt er gegeten aan een originele tafel van Saarinen en gezeten op Domus Chairs van Ilmari Tapiovaara.

_ Dans le séjour, c'est la Lounge Chair de Maarten Van Severen qui attire le regard. On trouve autour de la table à manger de magnifiques chaises design danoises, signées Ole Wanscher. Les lampes surmontant la table sont de Jos Devriendt. La photo est de Boudewijn lui-même. Dans la cuisine, on mange sur une authentique table de Saarinen, assis sur les Domus Chairs d'Ilmari Tapiovaara.

_ In the living room Maarten Van Severen's Lounge Chair catches the eye. Round the dining table are beautiful design chairs from Denmark, designed by Ole Wanscher. The lamps above the table are by Jos Devriendt. The photograph is by Boudewijn himself. In the kitchen meals are served at an original table by Saarinen, while seated on Domus Chairs by Ilmari Tapiovaara.

_ De haard en de bibliotheek lijken op
een kamerscherm dat de woonruimte
wat van de keuken scheidt. Maar van
een echte afbakening is er geen sprake,
want eigenlijk lopen alle ruimten, als-
ook het interieur en exterieur in elkaar
over. Aan de talrijke ongewone objecten
merk je meteen dat er hier verzamelaars
wonen.

_ La cheminée et la bibliothèque
forment une sorte d'écran qui sépare
le séjour de la cuisine. Mais il n'est pas
question là d'une véritable délimitation,
car en fait, tous les espaces se mélan-
gent entre eux, de même qu'intérieur et
extérieur. On remarque à la présence de
nombreux objets insolites que des collectionneurs vivent ici.

_ The fireplace and bookshelves look
like a screen separating the living
space from the kitchen. But there is no
question of a real division, because in
fact all spaces, including the interior
and exterior ones, run into each other.
The many unusual objects show at once
that the occupants of the house are
collectors.

Fifties flat
Appartement fifties
Fifties flat

Eind jaren vijftig was Brussel een moderne, dynamische stad. Voor en na de Wereldtentoonstelling van 1958 werden er veel moderne flatgebouwen opgetrokken. Deze flat ligt bovenop zo'n gebouw en heeft daardoor riante terrassen die reiken tot aan de kruinen van de bomen. Voor Axelle Delhaye die een juwelenzaak runt, is dit een gedroomd decor om in te wonen. Ze studeerde kunstgeschiedenis en daarna schilderkunst in La Cambre en groeide op in een interieur vol antiek en design. Ze verzamelde al lang voor de hype van de vintagedesign en houdt van anonieme en ongewone meubelen en objecten, zoals de schitterende surrealistische salontafels met mozaïek. Ze verzamelt instinctief, zonder belang te hechten aan de waarde of de naam. Ze is ook geen fanaat, want ze vindt antiquiteiten net zo boeiend en is trouwens op zoek naar een zeventiende-eeuws Antwerps kunstkabinet. Voor haar is design geen 'levenshouding', want ze droomt er bijvoorbeeld ook van om ooit een achttiende-eeuws landhuis te bewonen. 'In het begin was vintage ongewoon, nu dreigt het door de vele heruitgaven te worden gebanaliseerd', merkt ze terecht op.

A la fin des années cinquante, Bruxelles était une ville moderne et dynamique. De nombreux immeubles à appartements y furent construits avant et après l'Exposition universelle. Cet appartement se trouve en haut de l'un de ces bâtiments, si bien que ses agréables terrasses culminent au niveau des couronnes des arbres. Pour Axelle Delhaye, propriétaire d'une bijouterie, c'était le décor de vie rêvé. Axelle a étudié l'histoire de l'art puis la peinture à la Cambre et grandi dans un intérieur rempli d'antiquités et d'objets design. Elle s'est mise à collectionner bien avant la vague du vintage et aime les meubles et objets insolites et anonymes, comme ces splendides tables de salon surréalistes ornées de mosaïques. Axelle collectionne d'instinct, sans attacher d'importance à la valeur ou au nom. Sans fanatisme non plus, car elle apprécie tout autant les choses anciennes et est d'ailleurs à la recherche d'un cabinet d'art anversois du XVIIe siècle. Pour elle, le design n'est pas une attitude. C'est ainsi qu'elle rêve de vivre dans une ancienne maison de campagne du XVIIIe siècle. « Au début, le vintage était original, mais aujourd'hui, il menace d'être banalisé par l'excès de rééditions », observe-t-elle à juste titre.

In the late 1950s Brussels was a modern, dynamic city. Before and after the 1958 World Exhibition many modern apartment buildings were built. This flat is at the top of one of these buildings and so has delightful terraces extending to the tops of the trees. For Axelle Delhaye, who runs a jewellery business, this is a dream setting to live in. She studied art history, and after that painting, in La Cambre, and grew up in an interior full of antiques and design. She started collecting long before the hype for vintage design, and she likes anonymous and unusual furniture and objects, such as the brilliant surrealist salon tables with mosaics. She collects instinctively, attaching no importance to the object's value or the name of its designer. Nor is she a fanatic, as she finds antiques just as fascinating, and is actually on the look-out for a seventeenth-century Antwerp art cabinet. Vintage design is for her no essential 'necessity of life', since she dreams, for example, of living in an eighteenth-century house some time. 'In the beginning vintage was unusual, now it threatens to become boring with its many copies,' she comments.

_ In de grote woonruimte staan meubelen van diverse herkomst. Het wandbureau komt uit Nederland (Webe), de salontafels en heel wat zetels zijn Italiaans uit de jaren vijftig. Er staan verschillende stoelen van Jacobsen. Ook het buffet in de slaapkamer is van Deense makelij, ontworpen door Arne Vodder.

_ Dans le grand séjour, des meubles de diverses origines sont rassemblées : le bureau mural vient des Pays-Bas (Webe), les tables de salon et de nombreux sièges sont italiens et datent des années 1950. Il y a aussi plusieurs chaises de Jacobsen. Le buffet de la chambre est également de fabrication danoise, signé Arne Vodder.

_ The furniture in the large living space has come from various origins. The wall unit is from the Netherlands (Webe), the coffee tables and many of the seats are 1950s Italian. There are several chairs by Jacobsen. The sideboard in the bedroom is also Danish, designed by Arne Vodder.

69

om ! pas l'art moder-
trose au Musée de
place St-Marc. Elle
air ; c'est les verres
eigner. A 13 heures

au de petit déjeuner
chambre. J'entrevois
celle l'oreille contre
Qu'est-ce qu'on va
out partir plus tôt. »
uts ne peux plus
désertes. Si tu fois
entradictions ». Lui :
er, il faut inspirer »
la scène ». ... et puis
Inspirer, souffler,
lant. Et puis hop ma
Elle : « Et puis si le
l'un d'eux se lève et
la chambre. Toujours
pour m'intéresser à

eux. Sur la table de nuit de gauche, un livre « J'ai accroché sans
douleur ». Des mouchoirs sales traînent sur l'étagère inférieure de celle de
droite. Une dizaine d'autres mouchoirs propres sont empilés dans un
tiroir. Dans l'armoire, des costumes d'homme dans les tons gris, marron et
des robes de femme, de style enfantin, dans les mauves et les roses. Je
constate que la robe du soir noire n'est pas en soie mais en nylon. Je me
réfugie dans la salle de bains et j'utilise leurs produits : coton tige, eau de
toilette « Balafre », crème pour les mains abîmées. Je fais les lits et quitte la
chambre.

Vendredi 27. Ils ont acheté une blouse blanche brodée, de mauvaise
qualité. Rien d'autre à signaler.

Samedi 28. 13 heures. Ils occupent toujours leur chambre. Le panneau
« Ne pas déranger » est accroché à la poignée de la porte. Je colle mon
oreille et j'écoute :
Elle : « Doudou, mon roudoudou, il est content ? Il est content mon
roudoudou à sa maman ? » Lui : « Vouis ». Je me tasse. Ils me
fatiguent.

Dimanche 1er mars. La chambre est vide. Enfin partis. J'aère et je
change les draps.

Loft in stapelhuis
Loft dans un entrepôt
Loft in a warehouse

In het centrum van Brussel staan er nogal wat industriële gebouwen uit de late negentiende en de vroege twintigste eeuw. Sommige bouwwerken worden nu herinricht tot woning en kantoor. Deze loft werd onlangs onder handen genomen door interieurarchitect Nicolas Dervichian die zelf jaren in New York verbleef en er tal van lofts heeft bezocht. Hij werkte er trouwens een tijdje bij Peter Marino. Nu legt hij zich samen met zijn vennoot Bernard De Cort toe op de inrichting van kantoren. Hij vindt het bewoonbaar maken van een industriële ruimte een boeiende uitdaging: 'Omdat je een loft helemaal anders opvat dan een klassieke woning of villa. Een loft moet flexibel zijn, zonder al te veel deuren, want je moet je er vrij in kunnen bewegen. Zelfs de slaapruimte wordt enkel met een schuifdeur afgesloten.' Middenin de loft vinden we een open keuken, met een groot aanrecht. Hier en daar staat er wat vintagemeubilair van Knoll en de Brusselse designer Jules Wabbes. Maar voor de rest is het interieur vrij sober. Ook het terras met zicht op de middeleeuwse stadsomwalling maakt deel uit van de leef- en werkruimte.

Le centre de Bruxelles compte encore pas mal de bâtiments industriels de la fin du XIXe siècle et du début du XXe. Certains sont aujourd'hui convertis en logements et en bureaux. Ce loft a été récemment réaménagé par l'architecte d'intérieur Nicolas Dervichian, qui a séjourné plusieurs années à New York, où il a eu l'occasion de visiter de nombreux projets de ce type. Il a d'ailleurs travaillé un temps pour Peter Marino. Aujourd'hui, il se consacre avec son associé Bernard De Cort à l'aménagement de bureaux. Nicolas considère la transformation d'espaces industriels en espaces habitables comme un passionnant défi. « On conçoit en effet un loft tout différemment d'une habitation ou d'une villa classiques. Il doit être flexible, sans trop de portes, car on doit pouvoir y bouger librement. Même la chambre n'est fermée que par un panneau coulissant. » Au centre, nous trouvons une cuisine ouverte, équipée d'un spacieux plan de travail, et, çà et là, du mobilier vintage Knoll et du designer bruxellois Jules Wabbes. Pour le reste, cet intérieur est très sobre. Une terrasse avec vue sur les remparts médiévaux complète ce lieu de travail et de vie.

In the centre of Brussels there are quite a few industrial buildings from the late nineteenth and early twentieth centuries. Some of these buildings are now being converted into living accommodation and offices. This loft was arranged recently by interior architect Nicolas Dervichian, who lived for years in New York where he visited many lofts. In fact he worked there for a time with Peter Murino. Now he devotes himself with his partner Bernard De Cort to fitting out offices. He thinks making an industrial building fit for habitation is a fascinating challenge: 'Because you think of a loft quite differently from a classical home or villa. A loft has to be flexible, without too many doors, because you have to be able to move about in it freely. Even the bedroom is only shut off by a sliding door.' In the middle of the loft we find an open kitchen, with a large counter and sink unit. Here and there are a few pieces of vintage furniture by Knoll or the Brussels designer Jules Wabbes. But otherwise the interior is fairly restrained. The terrace, with its view of the medieval town walls, is also part of the living and working space.

_ Dit interieur werd volledig ontworpen door Nicolas Dervichian.
Ook het meubilair van de zithoek is van zijn hand. De poema is een
werk van beeldend kunstenaar Koen Wastijn, de foto boven het
Knollbuffet is van Frank Pinckers en het beeldje op het buffet van
Laurence Skivée. Alle andere foto's zijn van Nicolas Dervichian zelf.

_ Cet intérieur a été entièrement conçu par Nicolas Dervichian. Le
mobilier du salon est également de sa main. Le puma est une œuvre
du plasticien Koen Wastijn, la photo surmontant le buffet Knoll est de
Frank Pinckers et l'animal cellophane qui orne le buffet de Laurence
Skivée. Toutes les autres photos sont de Nicolas Dervichian.

_ This interior was completely designed by Nicolas Dervichian. The
furniture in the sitting area is also by him. The puma is by visual
artist Koen Wastijn; the photograph above the Knoll sideboard by
Frank Pinckers; and the statuette on the sideboard by Laurence
Skivée. All the other photographs are by Nicolas Dervichian himself.

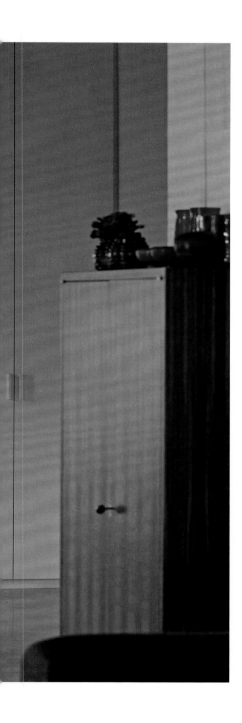

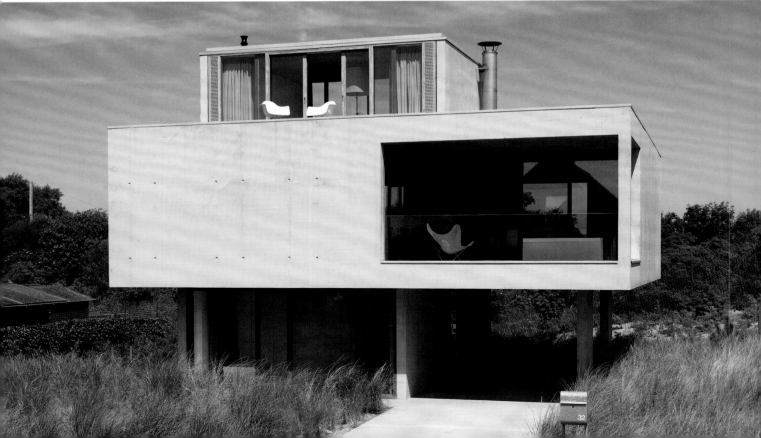

Woondoos
Habitation boîte
The box house

Deze vierkante betonnen woondoos is een vakantiewoning aan de kust, gelegen in de duinen. Architect Bruno Delva in-
spireerde zich op de gladde betonnen gebouwen die Louis Kahn in San Diego bouwde voor het Salt Lake Institute. Delva
verzoent het gebouw met de natuur, want het grijze beton heeft de tint van het helmgras rondom. Middenin de woning
verbindt de trap alle ruimten met elkaar, net zoals in een toren. Het meubilair, deels vintage en deels nieuw, is nonchalant
gekozen. Dit is immers een vakantiehuis, geen uitgepuurd interieur. Hier worden vrienden en familie ontvangen. Het is een
woning waarin je je in een handomdraai installeert en weer wegglipt. De materialen zijn eenvoudig, met betonnen vloeren
en vensters van afromosiahout dat grijs tint. Deze materialen verouderen mooi. Het is een zomer- en een winterverblijf,
want de openhaard brandt steeds als de gure noordenwind over de woning blaast.

Cette boîte de béton est une résidence secondaire située dans les dunes du littoral. Son architecte, Bruno Delva, s'est
inspiré des bâtiments conçus par Louis Kahn pour le Salt Lake Institute à San Diego. Delva réconcilie le béton avec la nature
en assortissant sa couleur à celle des oyats qui l'entourent. Au centre de l'habitation, un escalier relie tous les espaces
entre eux, comme dans une tour. Le mobilier, en partie vintage et en partie contemporain, a été choisi avec une certaine
nonchalance. Nous sommes en effet dans une maison de vacances, pas dans un intérieur épuré. Ici, on reçoit la famille et
les amis. C'est un lieu où l'on s'installe en un clin d'œil et que l'on quitte tout aussi vite. Les matériaux sont simples, mais
ils vieilliront bien : sols en béton et fenêtres d'afromosia, un bois qui grisonne avec le temps. La maison sert été comme
hiver: lorsque le vent du nord souffle, le feu ouvert est là pour contrer ses effets.

This square concrete 'box house' is a holiday home on the coast, lying in the dunes. Architect Bruno Delva was inspired
by the smooth concrete buildings Louis Kahn built in San Diego for the Salt Lake Institute. Delva reconciles the building
with nature, as the grey concrete has the same colour as the marram grass around it. In the middle of the house the stairs
unite all the rooms with each other, as in a tower. The furniture, some vintage and some new, has been chosen on no
particular principle. This is, after all, a holiday home, not a purified interior. This is where friends and family are received.
It is a house in which you install yourself in less than no time and slip away again. The materials are simple, with concrete
floors and windows of afromosia wood, which has a greyish hue. These materials age well. It is a house for summer – and
for winter – since the fire burns in the hearth whenever the bleak north wind blows across the house.

_ Dit huis lijkt wel ontworpen als een meubel. De bewoners kozen voor design-klassiekers, zoals de Eamesstoelen rond de Saarinentafel. Voorts staat er ook een Lounge Chair van Eames en een vlinder-stoel. De stoelen in de keuken zijn van Fabiaan Van Severen.

_ Cette maison semble conçue à la manière d'un meuble. Ses habitants ont une préfé-rence pour les classiques du design, comme les chaises Eames qui entourent la table de Saarinen. Devant, on remarque aussi une Lounge Chair de Eames et une chaise Papillon. Les chaises de la cuisine sont de Fabiaan Van Severen.

_ This house itself looks as if it was desig-ned as a piece of furniture. The occupants opted for design classics, such as the Eames chairs round the Saarinen table. There is also a Lounge Chair by Eames and a butterfly chair. The chairs in the kitchen are also by Fabiaan Van Severen.

Scandinavië in Parijs
Scandinavie à Paris
Scandinavia in Paris

Het is boeiend om te zien hoe verschillend de Scandinavische design uit de jaren vijftig en zestig wordt aangewend in interieurs. In Noord-Europa zijn de woningen meestal iets strakker aangekleed en soms zelfs wat eentonig en somber van stijl. Modeontwerper Martin Grant komt uit Australië waar je veel vintage uit het noorden vindt, maar waar het kleurenpalet ook heel frivool is. Grant heeft een uitgesproken persoonlijke smaak die zelfs in Parijs, zijn lievelingsstad waar hij woont en werkt, ongewoon is. Grant hoeft geen herkenbare ontwerpen, op de Parijse puces (vlooienmarkten) valt hij evengoed voor een mooi object van een onbekende ontwerper. Hij heeft ook een probleem met de hedendaagse namencultus van designers en couturiers. In zijn Parijse appartement, onder het mansardedak van een zeventiende-eeuws stadshotel, brengt hij antieke Oosterse stoffen samen met Deense meubelen. Let ook op zijn subtiele kleurenpalet. Precies omdat hij als couturier dagelijks met kleur bezig is, verkiest hij in zijn flat te leven tussen de neutrale tinten van noordzeeschelpen. Het samenbrengen van oudheden met wat vintage wordt trouwens de trend van de nabije toekomst.

Il est passionnant d'observer avec quelle diversité le design scandinave des années 1950 et 1960 est utilisé dans les intérieurs d'aujourd'hui. Dans le nord de l'Europe, les habitations sont généralement décorées de façon un peu plus stricte, voire d'un style légèrement monotone et sombre. Le créateur de mode Martin Grant vient d'Australie, pays où l'on trouve beaucoup d'objets vintage venus du nord, mais aussi un usage très fantaisiste des couleurs. Son style très personnel est également inhabituel à Paris, sa ville de prédilection, où il vit et travaille. Tout d'abord, Grant ne recherche pas les objets reconnaissables. Aux puces, il craque volontiers pour un bel objet dû à un créateur inconnu. Le culte que l'on voue aujourd'hui aux designers et aux couturiers lui pose d'ailleurs problème. Dans son appartement, situé sous un toit mansardé d'un hôtel de maître du XVIIe siècle, il associe sans sourciller étoffes orientales et meubles danois. Observez le raffinement de sa palette. C'est parce que ce créateur travaille tous les jours avec les couleurs qu'il a choisi de vivre dans les nuances neutres des coquillages de la mer du Nord. L'association d'antiquités avec une touche de vintage promet d'être en vogue dans un avenir proche.

It is fascinating to see how differently Scandinavian design of the 1950s and 60s is applied in interior decoration. In Northern Europe houses are usually dressed up a little more severely and sometimes even a little monotonously and austere in style. Fashion designer Martin Grant comes from Australia, where you will find plenty of vintage from the north, but where the colour palette is also very frivolous. Grant has a pronounced personal taste which is unusual in Paris too, the city he loves, where he lives and works. Grant does not need recognizable design as such, in the Paris flea markets he will fall for a fine object by an unknown designer. He also has a problem with the current cult of naming designers and couturiers. In his Parisian flat, under the Mansard roof of a seventeenth-century town house, he brings together both antique Eastern materials and Danish furniture. And look at his subtle colour palette. Precisely because as a couturier he works with colours every day, he chooses to live in his flat between the neutral tints of North-Sea shells. To combine antiques with some vintage is certainly the trend of the near future.

_ De keuze van de meubelen is vrij Scandinavisch, met werk van bekende en minder bekende designers. Martin Grant kiest niet voor namen, maar op het gevoel. Hij houdt van meubels met organische vormen en vervaardigd uit natuurlijke materialen, zonder opvallende kleuren.

_ Le choix de meubles est scandinave, avec des signatures de designers connus et moins connus. Martin Grant ne se préoccupe pas des noms, mais plutôt de la valeur sentimentale. Il aime les meubles aux formes organiques, fabriqués dans des matériaux naturels, sans couleurs marquantes.

_ The choice of furniture has a Scandinavian slant, with work by well-known and less well-known designers. Martin Grant does not select names, but is guided by his own feeling. He likes furniture with organic shapes and made of natural materials, without blatant colours.

Belle époque versus design
Belle Epoque versus design
Belle Epoque versus Design

In dit huis worden twee kunststromingen met elkaar geconfronteerd, die elkaars uitersten zijn en bovendien wortels hebben in dezelfde eeuw. Het huis zelf is een typisch herenhuis uit de belle époque, gebouwd omstreeks 1910 en opgetrokken in een vrij zuivere Arts & Craftsstijl. Het gaat dus om vrij sobere art nouveau. De woning werd met zachte hand hersteld, zonder het originele decor te beschadigen. De kleuren werden wel wat vereenvoudigd. In samenspraak met de bewoonster Martine Hansen stoffeerde decoratrice Bea Mombaers het interieur helemaal met vintagedesign. Daarvoor zocht ze een heterogene collectie design samen uit de jaren zestig tot tachtig. Je ziet hier veel klassieke ontwerpen van grote namen als Jacobsen, Saarinen en Bertoia. De Scandinavische toets ligt ook wat voor de hand, want de man van Martine, Carl Hansen, is van Noorse afkomst. De woning werd met veel zin voor gezelligheid ingericht en is nu voorzien van verschillende knusse zithoeken.

Deux courants artistiques diamétralement opposés bien qu'enracinés dans le même siècle sont confrontés dans cette maison. L'habitation elle-même est une maison de maître typique de la Belle Epoque, construite vers 1910 dans un style Arts & Crafts assez libre. Il s'agit, autrement dit, d'un Art nouveau plutôt sobre. Elle a subi une rénovation en douceur, qui n'a pas affecté le décor original. Les couleurs ont en revanche été simplifiées. En concertation avec son occupante, Martine Hansen, l'intérieur a été entièrement meublé de design vintage par la décoratrice Bea Mombaers, qui a réuni pour l'occasion une collection hétéroclite d'objets des années soixante, septante et quatre-vingt. Les œuvres de grands noms comme Jacobsen, Saarinen et Bertoia y sont nombreuses. Cette touche scandinave paraît d'ailleurs évidente quand on sait que le mari de Martine, Carl Hansen, est d'origine norvégienne. L'habitation, aménagée dans un grand souci de l'intimité, comporte aujourd'hui deux salons douillets.

In this house two artistic movements are confronted with each other, each of them the opposite of the other, and both having their roots in the same century. The house itself is a typical town house from the Belle Epoque, built around 1910 and conceived in a fairly pure Arts and Crafts style. So what is actually involved is a fairly restrained 'Art Nouveau'. The house has been restored gently, without damaging the original decor. The colours have in fact been simplified a little. In agreement with the occupier, Martine Hansen, the interior has been provided throughout with soft furnishings in a vintage design by decorator Bea Mombaers. For this she looked for a heterogeneous collection of designs from the sixties to the eighties. Here you will see many classic designs by great names such as Jacobsen, Saarinen and Bertoia, The Scandinavian touch is also apparent, since Martine's husband, Carl Hansen, is of Norwegian descent. The house is furnished with a great sense of comfort and is now provided with various cosy corners to sit in.

_ Via het interieur van dit huis duiken we in de jaren zestig en zeventig. Hier zien we bijvoorbeeld een buffet van Jules Wabbes en een fraaie PK 22 fauteuil van Poul Kjaerholm. De ijzeren mand op de tafel is een recente creatie van Antonino Sciortino. Het lederen dagbed is van DeSede.

_ Le décor de cette maison nous plonge dans les années 1960 et 1970. Ici, nous voyons par exemple un buffet de Jules Wabbes et un beau fauteuil PK 22 de Poul Kjaerholm. La corbeille métallique posée sur la table est une création récente d'Antonino Sciortino. Le lit de jour en cuir est de DeSede.

_ The interior of this house takes us straight back to the sixties and seventies. Here, for instance, we see a sideboard by Jules Wabbes and a handsome PK 22 chair by Poul Kjaerholm. The iron basket on the table is a recent creation by Antonino Sciortino. The leather daybed is by DeSede.

Jardin du Luxembourg
Jardin du Luxembourg
Jardin du Luxembourg

Deze riante flat aan de Jardin du Luxembourg in Parijs is een creatieve werkschuit van waaruit fotoagente Valérie Hersleven over de hele wereld actief is. De werkruimte wordt in twee verdeeld door een schuifdeur die meestal openstaat, waardoor de grens tussen het bureau en de zitruimte vervaagt. Valérie werkt hier samen met haar man, essayist Thierry Maillet, die als historicus-onderzoeker onder meer het consumptiegedrag bestudeert. Hoewel ze dus goed vertrouwd zijn met de nieuwste trends en houden van mooie objecten is hun interieur allerminst een steriele showroom. Het staat vol spontane trouvailles, van de naaktfiguren van de 20e eeuw, die je vooral in de slaapkamer ziet, tot de Wooden Chair van Marc Newson. Valérie houdt niet van stijlzuivere interieurs en vindt barokke details erg leuk, zoals de rococanapé in de rode inkomhal. Ze verkiest golvende vormen boven strak minimalisme en heeft een zwak voor primaire kleuren. Daarom hangt ze kleurrijke placemats en een plan van Parijs aan de muur. Ze is ook tuk op ongewone, organische vormen, zoals de zitjes van Saarinen en Colombo. Ook de confrontatie tussen dit nonchalante en artistieke interieur en het statige Jardin du Luxembourg voor de deur is een pakkende belevenis.

Cet agréable appartement donnant sur le jardin du Luxembourg à Paris est le camp de base de Valérie Hersleven, agent de photographe active dans le monde entier. L'espace de travail est divisé en deux par une porte coulissante généralement ouverte, qui estompe la frontière entre bureau et pièce à vivre. Valérie travaille ici avec son mari, Thierry Maillet, essayiste et chercheur en histoire notamment spécialisé dans l'étude du consumérisme. Bien qu'ils soient familiers des dernières tendances et aiment les beaux objets, leur intérieur n'a rien d'un musée. Il regorge au contraire de trouvailles inattendues allant de nus du 20e siècle placés dans la chambre, au Wooden Chair de Marc Newson. Valérie n'aime pas les décors d'un style trop épuré et apprécie une touche baroque, comme le canapé rococo du hall d'entrée rouge. Elle préfère les formes ondulantes au minimalisme strict et a un faible pour les couleurs primaires. Elle pend des tapis de jeux et un plan de Paris au mur. Valerie aime également les formes insolites, organiques, telles qu'on les trouve dans les sièges de Saarinen et de Colombo. Le contraste entre cet intérieur désinvolte et artistique d'une part, et la majesté du Jardin du Luxembourg de l'autre, permet également une expérience inédite.

This charming flat facing the Jardin de Luxembourg in Paris is a creative workshop from which the photographers' agent Valérie Hersleven works all over the world. The workspace is divided into two by a sliding door which usually stands open, so that the boundary between the office and the sitting room is a little vague. Valérie works here with her husband essayist Thierry Maillet, a historian researching consumer behaviour, among other things. Although they are therefore very familiar with the latest trends and love beautiful objects, their interior is not in the least a sterile showroom. It is full of lucky finds, from the nudes of the 20th century which are mainly in the bedroom, to the Wooden Chair by Marc Newson. Valérie does not like interiors that follow a pure style and thinks baroque details very attractive, such as the rococo canapé in her red entrance hall. She prefers undulating shapes to austere minimalism and has a weakness for primary colours. That is why there are colourful placemats and a map of Paris hanging on the wall. She is also keen on unusual organic shapes, such as Saarinen and Colombo's chairs. In addition the confrontation between the nonchalant and artistic interior and the formal Jardin du Luxembourg outside their door is a fascinating experience.

Oud versus nieuw
L'ancien et le nouveau
Old versus new

Dit is een inspirerend woonproject door de confrontatie van een oude pastoorswoning met een hedendaagse houten structuur. Interieurontwerpers Jan Smits en Kathy Alliet houden van uitgesproken contrasten. Toen ze deze oude pastorie kochten in neorenaissancestijl en de ruimte wat wilden uitbreiden besloten ze om ernaast een nieuwe vleugel te bouwen. In steen zou deze structuur veel agressiever overkomen. Daarom kozen ze voor een houten structuur bekleed met ruwe, zwartgebeitste planken, net zoals een oude boerenschuur. Het interieur van het oude pand zit nu eveneens vol contrasten. De ontwerpers hebben tal van oude interieurelementen bewaard, zoals de vloeren met ornamenttegels. Maar het interieur was vrij gesloten en bestond uit een wirwar van kleine kamers. Een aantal binnenmuren werden gesloopt en de deuren vervangen door glas dat veel diepere doorzichten toelaat. De combinatie van oud en nieuw, klassiek en hedendaags werkt. Ook door het gebruik van een uitgesproken kleurenpalet en de vele donkere wanden. Naast enkele vintagemodellen komt het meeste meubilair uit nieuwe collecties.

La confrontation d'un ancien presbytère avec une structure de bois contemporaine fait de ce projet l'un des plus inspirants de l'ouvrage. Jan Smits et Kathy Alliet, décorateurs, aiment les contrastes marqués. Lorsqu'ils ont acquis cette ancienne maison de style néo-Renaissance et décidé de l'agrandir, ils ont opté pour la construction d'une nouvelle aile. En pierre, elle aurait eu l'air agressif. C'est pourquoi ils ont choisi une structure de bois revêtue de planches grossières teintées de noir, semblable à une ancienne grange. L'intérieur de la partie ancienne est également riche en contrastes. Beaucoup d'éléments d'origine ont été conservés, comme les sols de dalles. Mais l'espace était très cloisonné et formait un dédale de petites pièces. Certains murs ont donc été abattus et les portes ont fait place à un vitrage qui permet des perspectives bien plus profondes. Ancien et nouveau, classique et contemporain se combinent harmonieusement, notamment grâce à l'emploi d'une palette bien personnelle et du traitement sombre de plusieurs murs. Au-delà de quelques pièces vintage, le gros du mobilier provient de collections contemporaines.

This is an inspiring housing project with its confrontation of an old presbytery with a modern wooden structure. Interior designers Jan Smits and Kathy Alliet like pronounced contrasts. When they bought this old presbytery in neo-Renaissance style and wanted to expand it a little, they decided to build a new wing beside it. This structure would come across much more aggressively if it were in stone, so they opted for a wooden construction faced with rough, black-stained planks, just like an old farm barn. The interior of the original house is now also full of contrasts. They have preserved a number of old interior elements, such as the floors with their decorative tiles. But the interior was very shut in and consisted of a jumble of small rooms. A number of internal walls have been demolished and the doors replaced by glass which allows much more extensive views. The combination of old and new, classical and contemporary, works, partly because of the use of a pronounced colour palette and the many dark walls. Beside a few vintage models, most of the furniture comes from new collections.

_ In dit huis staan er enkele designklassiekers in een hedendaags interieur met een historische fond, want het pand is een oude pastoriewoning. Naast het contrast tussen heden en verleden zien we ook sterke zwart-witconfrontaties. Daar passen de Tulip Chairs van Saarinen en de Barcelona Chairs van Mies van der Rohe goed bij.

_ Quelques classiques du design sont ici placés dans un intérieur contemporain ayant lui-même pour cadre un bâtiment ancien, en l'occurrence un presbytère. Au-delà du contraste entre présent et passé, nous y voyons aussi le noir et le blanc s'affronter. Les Tulip Chairs de Saarinen et les Barcelona Chairs de Mies van der Rohe s'en accommodent sans problèmes.

_ In this house there are a few design classics in a contemporary interior with a historical background, because the house is an old presbytery. Besides the contrast between past and present we also see strong black-and-white confrontations. The Tulip Chairs by Saarinen and the Barcelona Chairs by Mies van der Rohe fit in well with it.

Onder een rieten dak
Sous un toit de chaume
Under a thatched roof

Dit is ongetwijfeld het meest spectaculaire en ongewone vintageinterieur van dit boek. Aan het rieten dak merk je met-een dat de villa zich aan de kust situeert, meer bepaald in Knokke waar heel veel oude villa's staan in Anglo-Normandische stijl, met rustieke interieurs vol donkerbruin gebeitst eikenhout. Deze villa werd in de late jaren vijftig gebouwd, maar het interieur werd door interieurarchitect Lionel Jadot herkneed. Hij gooide er alle rustieke elementen uit, liet de muren bezetten met betonspecie, bracht betonnen vloeren aan en liet industriële ijzeren atelierramen plaatsen. Nu lijkt deze ruimte veeleer op een oude werkplaats. De gevel werd zwart geschilderd, maar het rieten dak bleef origineel. Jadot plaatste een antiek bad en overal prachtig mozaïektegels uit de collectie van Dominique Desimpel. Het is belangrijk om weten dat Lionel Jadot actief is als filmregisseur. Daarom hebben zijn interieurs wel wat van een filmdecor. Ondertussen heeft Bea Mombaers het interieur opnieuw gestoffeerd met ongewoon vintagemeubilair. In de woonruimte is de tafel van wortelhout de blikvanger, maar er zijn ook meubelen te zien van Jules Wabbes, Willy Van der Meeren, Harry Bertoia, Joe Colombo en Charlotte Perriand. Bea is tuk op vintageverlichting uit de jaren zestig en vooral zeventig. Het resultaat van deze installatie is uitgesproken vernieuwend, verfrissend en een bewijs dat je voor de creatie van een hedendaagse woning, niet eens het exterieur hoeft te verbouwen. In tegendeel, hier versterkt de klassieke buitenarchitectuur het contrast met het interieur.

Ceci est à n'en pas douter l'intérieur vintage le plus spectaculaire et inhabituel de tout l'ouvrage. Son toit de chaume indique que nos sommes à la côte, plus précisément à Knokke, où beaucoup de villas anciennes sont de style anglo-normand, avec des intérieurs rustiques remplis de chêne teinté. Celle-ci a été bâtie à la fin des années 1950, puis remaniée à l'intérieur par l'architecte Lionel Jadot. Il en a éliminé les éléments rustiques, a recouvert les murs d'un enduit de béton et a fait placer des fenêtres industrielles en fer. L'ensemble ressemble à présent à un ancien atelier. La façade a été peinte en noire, mais le toit de chaume a été conservé. Lionel a également placé une baignoire ancienne et, partout, les splendides dalles de mosaïque de la collection de Dominique Desimpel. Il est intéressant de savoir que cet architecte est également cinéaste. C'est pour cela que ses intérieurs prennent des allures de décors de films. Parallèlement, Bea Mombaers a remeublé l'intérieur avec des pièces vintage rares. Dans le salon, c'est la table en bois de racine qui attire d'abord le regard, mais on peut aussi voir des meubles de Jules Wabbes, Willy Van Der Meeren, Harry Bertoia, Joe Colombo et Charlotte Perriand. Bea adore les éclairages vintage des années 1960 et, surtout, 1970. Le résultat de cette installation est particulièrement innovant, rafraîchissant... preuve que pour obtenir une habitation contemporaine, il n'est pas nécessaire d'en transformer l'extérieur. Au contraire, l'architecture classique de la villa renforce le jeu des contrastes.

This is undoubtedly the most spectacular and Belgian vintage interior in this book. From the thatched roof you immediately see that the villa is situated on the Belgian coast, more specifically in Knokke, where there are a great many old villas in Anglo-Norman style, with rustic interiors full of dark brown stained oak. This villa was built in the late fifties, but the interior was reshaped by the interior designer Lionel Jadot. He threw out all the rustic elements, had the walls rendered with cement mortar, introduced concrete floors and had industrial steel windows fitted. Now this space looks more like an old factory. The façade was painted black, but the original thatched roof was kept. Jadot installed an antique bath, and everywhere splendid mosaic tiles from the Dominique Desimpel collection. It is important to know that Lionel Jadot is a film director, so his interiors look a little like a film set. Meanwhile Bea Mombaers has refurnished the interior with unusual vintage furniture. In the living room the root-wood table is what first catches the eye, but you can also see furniture by Jules Wabbes, Willy Van Der Meeren, Harry Bertoia, Joe Colombo and Charlotte Perriand. Bea is keen on vintage light fittings from the sixties and particularly seventies. The result of this installation is pronouncedly innovatory, refreshing, and proof that for the creation of a contemporary home, the exterior does not even have to be renovated. On the contrary, here the classical architecture of the exterior is strengthened by the contrast with the interior.

_ Dit is ongetwijfeld het meest ongewone interieur van het boek. De ruwe muren, landelijke details en fraaie vintage zorgen voor vuurwerk. Middenin de woonruimte staat een stevige wortelboom en daarnaast onder meer stoeltjes van Pierre Guariche, een bureau van Jules Wabbes, een salontafeltje van Jacobsen en een PK 22 van Poul Kjaerholm. De kunstwerken van metaaldraad zijn van Sciortino.

_ Ceci est indéniablement l'intérieur le plus original de l'ouvrage, où murs bruts, détails rustiques et vintage choisi créent un feu d'artifice. Au centre du séjour, une robuste table en bois de racine accompagne notamment des chaises de Pierre Guariche, un bureau de Jules Wabbes, une petite table de salon de Jacobsen et un PK22 de Kjaerholm. Les œuvres en fil métallique sont de Sciortino.

_ This is undoubtedly the most unusual interior in the book, where rough walls, rural accents and beautiful vintage provide the fireworks. Right in the middle of the living space is a solid piece of root-wood furniture, and next to it, among other things, chairs by Pierre Guariche, a desk by Jules Wabbes, a small coffee table by Jacobsen and a PK22 chair by Kjaerholm. The wire artwork is by Sciortino.

Eclectische collecties
Collections éclectiques
Eclectic collections

Met klassiek meubilair zou deze flat oersaai ogen, want de architectuur is eigenlijk heel voorspelbaar. Maar met wat vintage en overdadig veel ongewone trouvailles wordt dit Brusselse appartement een theaterdecor. Dit is een creatie van interieurdesigners Benoît Vliegen en John Read die pendelen tussen Brussel en Londen waar ze een nieuwe interieurzaak runnen. Ze struinen overal Charityshops en Car Boot Sales af op zoek naar ongewone spullen waar niemand oog voor heeft. Maar samengebracht in een groep worden het verrassende collecties die als een soort kunstwerkinstallaties alle muren van de flat bekleden. Ze zijn tuk op ceramiek en glas uit de jaren veertig tot zeventig. Ze balen van showroominterieurs met klassieke vintage en een braaf kleurenpalet. David Hicks is hun grote voorbeeld. Ook hij schrok er nooit voor terug om gewone spullen te combineren met kostbaarheden en om heden met verleden te confronteren. Hier krijgt zelfs wat kitsch een voorname plaats, net als in de achttiende eeuw, toen een overdadige decoratie met een knipoog heel gewoon was. Ook dit decor is heel vintage, maar staat mijlenver van de strakke vormgeving uit Scandinavië.

Avec un mobilier classique, cet appartement bruxellois, d'une architecture très prévisible, serait mortellement ennuyeux. Mais avec un peu de vintage et quantité d'objets chinés, il se transforme en un magnifique décor. Ceci est une création des designers d'intérieur Benoît Vliegen et John Read, qui se partagent entre Bruxelles et Londres, où ils gèrent une nouvelle boutique de décoration. Benoît et John arpentent les Charityshops et les Car Boot Sales à la recherche d'objets insolites que personne ne remarque. Associés entre eux, ils forment pourtant de surprenantes collections, qui habillent les murs comme des installations d'artistes. Le duo est notamment fanatique de céramiques et de verreries des années 1940 à 1970. Les intérieurs show-rooms, associant du vintage classique et une palette chromatique bien sage, ne sont pas pour eux. Leur grand modèle est David Hicks. Lui non plus n'hésitait pas à combiner des objets ordinaires avec d'autres de prix, ni à confronter les époques. Ici, même le kitsch a sa place, tout comme le XVIIIe siècle, époque à laquelle une décoration surabondante, rehaussée d'accents ludiques, était de mise. Ce décor est 100% vintage, mais à mille lieues des formes sévères venues de Scandinavie.

This flat would look terribly dull with classical furniture, because the architecture is in fact very predictable. But with some vintage and an excess of very unusual trouvailles this Brussels apartment becomes a theatrical set. This is a creation by interior designers Benoît Vliegen and John Read, who commute between Brussels and London, where they run a new interior design business. They comb through charity shops and car boot sales everywhere looking for unusual things which nobody else wants. But put together in a group their finds become surprising collections which decorate all the walls of the flat like a kind of art installation. They are keen on ceramics and glass from the 1940s to the '70s. They are fed up with showroom interiors with classic vintage and a dull colour palette. David Hicks is their great model; he too was never frightened of combining ordinary things with valuable ones and of confronting the present with the past. Here even something kitsch gets an important place, just as in the eighteenth century when an extravagant decoration, tongue in cheek, was quite normal. This décor is also very much vintage style, but is miles away from the austere styling of Scandinavia.

_ Deze verzamelaars maken extravagante keuzes en confronteren spannende keramiek en design met oudheden. Rond de tafel van Ann Demeulemeester staan tulpzitjes van Maurice Burk (Arkana) uit 1960. De keramiek aan de muur is van de bekende Constance Spry (Fulham Pottery). Rechtsonder staat een oranje Womb Chair van Eero Saarinen en twee blauwe zitjes van Pierre Paulin. Het buffet naast de witte tafel is van Borge Mogensen.

_ Ces collectionneurs, coutumiers des choix extravagants, n'ont pas peur de combiner céramique, design et antiquités. Ci-contre, on aperçoit autour de la table d'Ann Demeulemeester des sièges tulipes de Maurice Burk (Arkana), datant des années 1960. La céramique ornant le mur est de la célèbre Constance Spry (Fulham Pottery). En bas à droite, une Womb Chair orange de Eero Saarinen et deux sièges bleus de Pierre Paulin. Le buffet placé à côté de la table blanche est de Borge Mogensen.

_ These collectors make extravagant choices and confront striking ceramics and design with antiques. Around Ann Demeulemeester's table are tulip chairs by Maurice Burk (Arkana) from the 1960s. The ceramic on the wall is by the well-known Constance Spry (Fulham Pottery). Below on the right is an orange Womb Chair by Eero Saarinen and two blue chairs by Pierre Paulin. The sideboard next to the white table is by Borge Mogensen.

Spontane improvisatie
Improvisation
Spontaneous improvisation

Dit interieur hoort thuis in een vroeger winkelpand waarvan het uitstalraam bewaard bleef. Bea Mombaers maakte gebruik van de open ruimte, maar liet alle overtollige interieurelementen slopen. Ze bewaarde enkel de oude trap waaronder zich nu een kleine keuken bevindt. Zelfs de zoldering werd verwijderd om de balken bloot te leggen. Op de vloer kwam er gietbeton en tegen de wand een ruw gemetselde haard, waardoor deze woning lijkt op een kunstenaarsatelier. Deze ingrepen gebeurden weldoordacht, maar de aankleding kwam spontaan tot stand, zoals Bea graag te werk gaat. Ze be- schikt zelf over een rijke collectie vintage waaruit ze uiteenlopende objecten plukt, van oude Bertoiazitjes tot fauteuils van Arne Vodder of Poul Kjaerholm. Wie denkt dat een hedendaagse woning koel en clean moet zijn, heeft het volgens interieurontwerpster Bea Mombaers mis. Een artistieke, contemporaine woning is nonchalant van stijl en zit vol visuele en sensuele vrijheid. Zo'n decor is een ontspannen reactie op onze te gestroomlijnde wereld. Deze woning is tevens een plek waar veel vrienden worden ontvangen, maar er staat geen eettafel. Het lage kookeiland is de verzamelplek waarrond iedereen zich schaart, terwijl er gekookt wordt. Kortom, dit is een dynamische en gastvrije woning.

Cet intérieur est celui d'un ancien commerce dont la vitrine a été conservée. Bea Mombaers a exploité l'espace ouvert, mais fait abattre tous les éléments superflus. Elle n'a gardé que l'ancien escalier, sous lequel se trouve aujourd'hui une petite cuisine. Même le plancher a été enlevé pour mettre les poutres à nu. Le sol a été revêtu de béton coulé et on a adossé au mur un âtre grossièrement maçonné, qui fait ressembler cette habitation à un atelier d'artiste. Si ces interven- tions ont été soigneusement pensées, leur finition est le fruit d'un travail spontané qui est aussi la façon de faire habituelle de Bea. Elle dispose elle-même d'une riche collection vintage dans laquelle elle pêche des objets divers, allant des anciens sièges Bertoia aux fauteuils de Arne Vodder ou de Poul Kjaerholm. Selon Bea Mombaers, celui qui pense qu'une habitation contemporaine doit être clean et froide se trompe. Une maison d'aujourd'hui cultive une certaine nonchalance de style et exprime une grande liberté visuelle et sensuelle. Ce décor constitue une réaction à notre monde très formaté. Bien que l'on y reçoive de nombreux amis, on n'y trouve pas de table à manger. L'îlot de cuisine bas est le lieu autour duquel tout le monde se rassemble, pendant que l'on prépare le repas. Bref, ceci est une habitation vintage, mais surtout dynamique et accueillante.

This interior has found a home in former shop premises, whose display window has been preserved. Bea Mombaers has made use of the open space, but had all the superfluous interior elements demolished. She kept only the old staircase, which now shelters a small kitchen. Even the ceiling was removed to expose the beams. The floor was concreted over and against the wall came a fireplace of rough masonry, so that this house looks like an artist's studio. These alterations were well thought out, but the final presentation was spontaneous, which is how Bea likes to go to work. She herself has access to a rich collection of vintage, from which she takes various objects, from old Bertoia chairs to armchairs by Arne Vodder or Poul Kjaerholm. Anyone who thinks that a contemporary home should be cool and clean, is, according to interior designer Bea Mombaers, wrong. An artistic, contemporary home is nonchalant in style, and is full of visual and sensual freedom. Such a decor is a relaxed reaction to our too streamlined world. This house is also a place where many friends are entertained, but there is no dining table. The low cooking island is the place where everyone gathers round, while the food is being cooked. In short, this is a dynamic and hospitable house.

_ Bea Mombaers heeft een neus voor ongewone vintage, zoals
het metalen rek van de Franse designer Joëlle Ferlande uit 1970.
Boven de vierkante Quadernatafel uit 1970 (Zanotta) hangt een
witte reliëf van Gilbert Swimberghe. Van deze kunstenaar zien
we boven de bank van Gae Aulenti ook een potloodtekening uit
de jaren zeventig.

_ Bea Mombaers a un talent pour dénicher le vintage sortant
de l'ordinaire, comme cette étagère métallique de la designer
française Joëlle Ferlande, de 1970. Au-dessus de la table carrée
Quaderna, également seventies (Zanotta) est accroché un relief
blanc de Gilbert Swimberghe. Le dessin au crayon des années
1970 suspendu au-dessus du banc de Gae Aulenti est également
de cet artiste.

_ Bea Mombaers has a nose for unusual vintage, such as the
1970s metal rack by the French designer Joëlle Ferlande.
Above the square Quaderna table of the seventies (Zanotta)
hangs a white relief by Gilbert Swimberghe. A pencil drawing of
the 1970s by the same artist hangs above the Gae Aulenti seat.

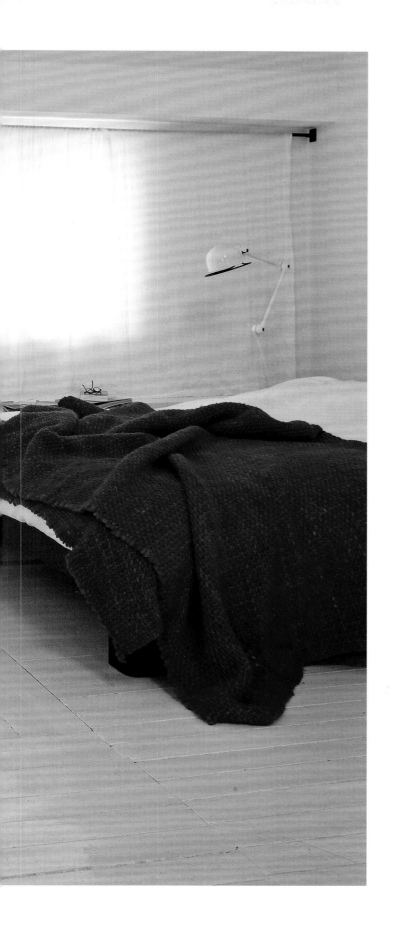

Oude smederij
L'ancienne forge
An old forge

Je kunt een loft op veel verschillende manieren inrichten. Architecten kiezen doorgaans voor een strakke aanpak met scherpe doorbrekingen en kraaknette vloeren. Dit is niet naar de zin van architect Caroline Notté die bij verbouwingen soms wel deze stijl hanteert, maar niet voor haar eigen loft in een oude smederij. Ze heeft een dubbele creativiteit, want naast het bouwen en verbouwen van woningen, kantoren en winkels – van Dubaï tot in Zwitserland – is ze actief als fotografe. En ze heeft wat met decors. Ze werkte ooit voor architect Marc Corbiau en interieurdesigner Lionel Jadot die niet bang is voor eclectische creaties. 'Mijn persoonlijke stijl is niet serieus, meer zelfs, ik hou van opgewekte, positieve en ludieke elementen. Dat is voor een architect niet vanzelfsprekend', legt Caroline uit. Ze heeft in haar interieur van alles wat, van een roodblauwe stoel van Rietveld tot een drumstel waarop ze uiteraard speelt. Het interieur zit vol zwart-witcontrasten en kleurexplosies.

On peut aménager un loft de différentes manières. Les architectes optent généralement pour une approche rigoureuse toute en percées savantes et en sols lisses. Ce n'est pas du goût de Caroline Notté qui, si elle manie parfois ce style lors de transformations, l'a délaissé pour son propre loft, installé dans une ancienne forge. La créativité, Caroline connaît : outre la construction et la transformation d'habitations, de bureaux et de magasins – de Dubaï à la Suisse –, elle est aussi active en tant que photographe et décoratrice. Elle a autrefois travaillé avec l'architecte Marc Corbiau et le designer d'intérieur Lionel Jadot, à qui les réalisations éclectiques ne font pas peur. « Mon style personnel n'est pas sérieux, pis que cela, j'aime les éléments joyeux, positifs et ludiques. Cela ne va pas de soi pour un architecte », explique Caroline. Son intérieur renferme un peu de tout, depuis une chaise rouge et bleue de Rietveld jusqu'à une batterie sur laquelle elle joue elle-même. Les contrastes noir-blanc et les explosions de couleur y sont nombreux.

There are many different ways of arranging a loft. Architects usually opt for a severe approach with sharp interruptions and immaculate floors. This is not to the taste of architect Caroline Notté who when she converts buildings sometimes still uses this style, but not for her own loft in an old smithy. She has a twofold creativity, since in addition to building and renovating houses, offices and shops – from Dubai to Switzerland – she works as a photographer. And she is interested in interior decoration. She once worked for the architect Marc Corbiau and the interior designer Louis Jadot, who is not afraid of eclectic creations. 'My personal style is not serious, more even, I like cheerful, positive and playful elements. That does not always go without saying for an architect,' Caroline explains. She has a little of everything in her interior, from a red and blue chair by Rietveld to a set of drums which she actually plays herself. The interior is full of black and white contrasts and exploding colours.

_ Architect Caroline Notté houdt natuurlijk wel van vintage, maar omringt zich in haar loft ook met totaal andere objecten. Haar ruime bed heeft ze zelf ontworpen. Ze voelt ook wat voor industriële design die ze goed vindt passen in dit oude atelier.

_ L'architecte Caroline Notté apprécie naturellement le vintage, mais elle aime aussi s'entourer dans son loft d'objets tout autres. Elle a dessiné elle-même son large lit. Elle affectionne également les touches de design industriels, qu'elle n'a aucun mal à intégrer dans cet ancien atelier.

_ Architect Caroline Notté clearly likes vintage, but in her loft she also surrounds herself with totally different objects. The spacious bed was made to her own design. She also likes some industrial design, which she feels fits in well with this old studio.

147

148

Moulin de la Tuilerie

Moulin de la Tuilerie
Moulin de la Tuilerie

Dit landhuis hoort bij een pittoresk complex van gebouwen rond de Moulin de la Tuilerie in Gif-sur-Yvette, een mooi dorp nabij Versailles. Het is een historische plek die zelfs de geschiedenis van het gebouwenpatrimonium overstijgt, want deze oude watermolen werd ooit bewoond door de hertog van Windsor die na zijn aftreden als koning Edward VIII huwde met de Amerikaanse Wallis Simpson. De romantische watermolen werd een van hun geliefkoosde residenties waarvan ze de tuin trouwens lieten inrichten door de befaamde tuinarchitect Montague Russel Page. Onlangs restaureerde en decoreerde Patrick Deedes-Vincke het hele complex. Hij legt zich toe op de herinrichting en opfrissing van oude monumenten. Hij richtte ook deze woning in, The Lodge, een deel van dit complex, met prachtige designmeubels. Patrick Deedes-Vincke combineert moeiteloos oude onderdelen met meer hedendaagse ingrepen. Hij heeft een verfijnd gevoel voor materialen en kleuren. Samen met zijn echtgenote, Isabelle Townsend, die als topmodel actief was in New York, verzamelt hij vintage uit de jaren vijftig en zestig.

Cette maison de campagne fait partie d'un ensemble pittoresque de bâtiments entourant le moulin de la Tuilerie de Gif-sur-Yvette, joli village proche de Versailles. L'intérêt historique du lieu va au-delà de sa valeur architecturale puisque l'ancien moulin fut jadis habité par le duc de Windsor (ex-Edward VIII), qui épousa l'Américaine Wallis Simpson après avoir abdiqué du trône d'Angleterre. Le couple, dont cet endroit romantique était l'une des résidences favorites, fit aménager le jardin par le célèbre architecte Montague Russel Page. L'ensemble a été récemment restauré et redécoré par Patrick Deedes-Vincke, spécialiste de la rénovation et du rafraîchissement de monuments anciens. Patrick a également doté la partie qui nous concerne, The Lodge, de magnifiques meubles design. Il n'hésite pas à combiner éléments anciens et interventions plus contemporaines, guidé par un sens très sûr des matériaux et des couleurs. Avec son épouse, Isabelle Townsend, ancien top model new-yorkais, il collectionne le vintage des années 1950 et 1960.

This country house is part of a picturesque complex of buildings round the Moulin de la Tuilerie in Gif-sur-Yvette, a pretty village near Versailles. It is a historic site which even surpasses the history of the patrimony of the buildings, because this old watermill was once lived in by the Duke of Windsor, who after he abdicated as King Edward VIII married the American Wallis Simpson. The romantic watermill became one of their favourite residences, and they had the garden designed by the famous garden designer Montague Russell Page. The whole complex was recently restored and decorated by Patrick Deedes-Vincke, who specializes in refurbishing and redecorating listed buildings. He furnished this house, the Lodge, too, which is part of the complex, with splendid design furniture. Patrick Deedes-Vincke effortlessly combines old pieces with more contemporary components. He has a sophisticated feeling for materials and colours. With his wife, Isabelle Townsend, who was a top model in New York, he collects vintage from the Fifties and Sixties.

_ Dit gezellige en warme interieur past perfect in het historische kader van deze oude watermolen nabij Parijs. De vintage-meubelen werden lang geleden meegebracht uit de Verenigde Staten. Ze zijn stuk voor stuk authentiek en voorzien van een antiek patina. Let ook op de combinatie met enkele antiquiteiten en antieke karpetten: prachtig gewoon.

_ Cet intérieur confortable et chaleureux convient parfaitement au cadre offert par cet ancien moulin à eau situé près de Paris. Les meubles vintage ont été ramenés des Etats-Unis, il y a bien longtemps. Tous sont authentiques et pourvus d'une patine. Re-marquez aussi l'harmonie obtenue à partir de ce mobilier, quelques antiquités et des tapis anciens.

_ This cosy and warm interior fits perfectly into the historic setting of this old watermill near Paris. The vintage furniture came from the States a long time ago. Each piece is authentic and has an antique patina. Note the combination with several antique pieces and antique carpets: simply beautiful.

www.lannoo.com

Registreer u op onze website en we sturen u regelmatig een nieuwsbrief met informatie over nieuwe boeken en met interessante, exclusieve aanbiedingen.
En vous enregistrant sur notre site, vous recevrez régulièrement une lettre qui vous informera de nos nouvelles parutions et vous proposera des offres exclusives.
Register on our web site and we will regularly send you a newsletter with information about new books and interesting, exclusive offers.

Tekst/texte/text: Piet Swimberghe – piet.swimberghe@knack.be
Fotografie/photographies/photography: Jan Verlinde – verlinde.jan@telenet.be
Traduction française: Anne-Laure Vignaux
English translation: Alastair Weir
Vormgeving/mise en pages/design: Whitespray

Als u opmerkingen of vragen heeft, dan kunt u contact nemen met onze redactie:
Si vous avez des remarques ou des questions, n'hésitez pas à prendre contact avec notre rédaction
If you have observations or questions, please contact our editorial office:
redactielifestyle@lannoo.com

©Uitgeverij Lannoo nv, Tielt, 2009
D/2009/45/455 – NUR 450–454
ISBN 978–90–209–8586–3